LETTRE

AUX

JEUNES ELECTEURS,

POUR LES ENGAGER A NE DONNER LEUR VOIX NI AUX HOMMES DE LA RÉVOLUTION NI AUX HOMMES DE L'ANCIEN RÉGIME;

Par un jeune Electeur.

« .... Vous le voyez, c'est en vain que trente années
« d'expérience ont passé sur la tête de ces vétérans de l'anar-
« chie et du despotisme, ils brûlent encore de toutes les pas-
« sions de leur jeunesse, et semblables aux volcans du nord,
« ils vomissent encore des feux sous la neige qui les couvre.
« Jeunes Electeurs, éloignez-vous d'eux, et laissez-les user
« dans les passions les jours que la Providence leur avait ré-
« servés pour la repentir : le doigt de Dieu les a frappés; les
« hommes ne peuvent plus rien sur eux ! » (Page 15).

PARIS,

CHEZ PONTHIEU, LIBRAIRE, PALAIS-ROYAL, GALERIES LE BOIS,
Et chez tous les Marchands de Nouveautés.

1824.

LETTRE

AUX

JEUNES ÉLECTEURS,

POUR LES ENGAGER A NE DONNER LEUR VOIX NI AUX HOMMES DE
LA RÉVOLUTION, NI AUX HOMMES DE L'ANCIEN RÉGIME.

JEUNES ÉLECTEURS,

Au moment où des élections générales se préparent, et où tous les hommes qui ont les mêmes intérêts se réunissent et cherchent à s'entendre, réunissons-nous aussi, et cherchons à nous entendre, nous qui, par nos goûts et par nos habitudes, formons une génération si différente de celle qui nous précède; et puisse ma faible voix en vous faisant connaître les dangers qui nous entourent, vous faire connaître aussi les moyens de les prévenir.

Jeunes Électeurs, trente-quatre ans se sont écoulés depuis le jour où la révolution a commencé parmi nous, et après les grandes et terribles leçons que les événemens ont données à tous ceux qui ont figuré dans ce drame épouvantable, nous retrouvons encore les deux partis qui se sont formés en France à cette époque, et nous les retrouvons occupés des mêmes idées et des mêmes espérances : l'un veut nous ramener encore à la révolution, l'autre veut nous ramener encore à l'ancien régime.

Voyez ceux qui se disent les partisans de la liberté ; si vous les interrogez sur leur opinion, peut-être vous diront-ils qu'ils ont renoncé aux vains systèmes qui les ont séduits pendant leur jeunesse; peut-être vous diront-ils qu'ils désirent sincèrement la conservation de la monarchie constitutionnelle qui existe aujourd'hui parmi nous ; mais comment pourriez-vous les croire après la conduite qu'ils ont tenue sous vos yeux en 1818, en 1819 et en 1820 ? Souvenez-vous de la mauvaise foi avec laquelle ils ont contesté alors à l'autorité royale ses prérogatives les plus incontestables ; souvenez-vous de l'art perfide avec lequel ils ont cherché à rendre odieuse aux peuples cette autorité tutélaire, en lui supposant sans cesse les plus perfides intentions; souvenez-vous de l'affectation cruelle avec laquelle ils sont allés chercher dans les rangs de la révolution tous les hommes auxquels se rattachaient de pénibles souvenirs, pour les mettre en rapport avec nos princes, et souvenez-vous surtout qu'ils ont voulu à la fin se faire représeter par des régicides !

Voyez d'un autre côté ceux qui se disent les partisans de la royauté ; si vous leur demandez compte de leur opinion, peut-être vous diront-ils qu'ils ne demandent point l'ancien régime tout pur ; peut-être vous diront-ils qu'ils désirent sincèrement la conservation du gouvernement représentatif que le Roi a cru devoir établir parmi nous ; mais comment pourriez-vous ajóu-ter foi à ces tardives protestations, après la conduite que vous leur avez vu tenir en 1815 ? Souvenez-vous de l'affectation pitoyable avec laquelle ils nous vantaient incessamment alors les avantages de la monarchie absolue ; souvenez-vous de la violence avec laquelle ils attaquaient sans cesse nos plus belles et nos plus sages institutions, en les comparant aux poisons les plus funestes que les hommes aient jamais inventés ; et lorsqu'en 1816, un monarque éclairé s'opposa à l'accomplissement de leurs projets insensés, souvenez-vous de l'affreux plaisir qu'ils prirent à porter l'inquiétude dans nos ames, en soutenant en mille endroits de leurs ouvrages que la Charte n'était qu'une ordonnance ordinaire, une simple ordonnance de réformation que le

Roi et ses successeurs pourraient révoquer lorsqu'ils le jugeraient à propos.

Ainsi, jeunes Électeurs, il n'est que trop évident que les deux partis qui se sont formés pendant la révolution subsistent encore parmi nous,
et il n'est que trop évident aussi qu'ils ont con-
servé toutes les idées et toutes les espérances de
leur jeunesse ; cependant, il faut en convenir,
ces deux partis ne sont pas à beaucoup près
aussi nombreux qu'ils l'étaient il y a trente ans,
et outre les vides immenses que la mort a laissés
dans leurs rangs, et qu'ils n'ont pu remplir en
se recrutant au milieu d'une génération à laquelle ils n'ont pu faire partager leur égarement,
il est certain qu'ils ont perdu encore une foule
des leurs que l'expérience a éclairés ; il est certain qu'il s'est formé d'hommes sortis de leurs
rangs un troisième parti (le parti modéré), qui
ne partage ni leurs erreurs ni leurs funestes
projets ; mais, il faut en convenir aussi, ce troisième parti, formé d'élémens hétérogènes, com-
posé d'hommes qui ont long-temps servi sous
des drapeaux différens, et dépourvu par consé-
quent de cette intensité, de cette énergie qui
donne aux deux autres l'unité de vue, d'intérêt
et de passion, ce troisième parti n'a eu jusqu'à
ce jour que peu d'influence dans l'état, et quoi-
qu'il soit depuis long-temps bien plus puissant

en hommes et en richesses que le parti de la révolution et le parti de l'ancien régime ensemble
réunis, il n'en est pas moins vrai de dire que ces
deux partis sont encore très-redoutables pour
notre repos ; il n'en est pas moins vrai de dire que
ces deux partis pourraient faire encore le malheur de la France, comme ils l'auraient déjà fait
deux fois, si ce monarque éclairé qui veille sur
nos destinées eût tenu les rênes de l'état d'une
main moins ferme.

Jeunes Électeurs, au milieu de l'agitation dans
laquelle vous vivez, vous n'avez peut-être pas
fait assez d'attention à la prudence et à la haute
sagesse qu'a déployées depuis neuf ans le prince
vigilant que la Providence a placé à notre tête ;
mais lorsque vous serez parvenus au temps du
repos, lorsque dans les loisirs de votre vieillesse,
vous porterez vos regards sur les événemens de
l'époque actuelle, vous serez effrayés des dangers
que vous avez courus depuis 1814 jusqu'à ce
jour, et vous ne pourrez songer sans attendris-
sement aux soins et aux peines de tout genre
que s'est imposés notre auguste monarque, pour
nous conserver le brillant héritage qu'il nous
destinait.

Vous vous en souvenez, jeunes Électeurs,
lorsque le Roi revint parmi nous en 1814, il

s'empressa de mettre à exécution ce noble et généreux système que sa main s'était plu à tracer
pour charmer les ennuis d'un trop long exil ; il
s'empressa de nous donner la Charte ; et la France
rassurée par la sagesse de son roi, se relevait
déjà avec une rapidité surprenante de l'abaisse-
ment dans lequel tant de malheurs semblaient
l'avoir plongée pour toujours, lorsqu'au bout de
dix mois, une tempête aussi forte qu'imprévue
vint jeter notre auguste pilote à une distance im-
mense du port où il voulait nous faire entrer.
Quel est celui d'entre nous qui ne craignit pas
alors que ce funeste événement ne changeât les
premières dispositions du Roi ? Mais grace au ciel
sa grande ame put résister à cette épreuve : mé-
prisant les conseils timides ou les perfides insi-
nuations de ceux qui cherchaient à l'effrayer sur
la longueur et les dangers de la route qu'il allait
avoir à parcourir, il dirigea de nouveau le vais-
seau de l'état vers le port où il avait voulu le faire
entrer avant la tempête, et les grandes mesures
que nous lui vîmes prendre peu de temps après
ne nous laissèrent plus le moindre doute sur ses
intentions à cet égard.

A la suite des cent jours, les partisans de
l'ancien régime avaient acquis un grand ascen-
dant en France, parce que dans les circonstances
graves où le Roi s'était trouvé, il lui avait été im-

possible de refuser leurs services intéressés; mais du moment où il eut commencé à rétablir le calme dans son royaume, il chercha à se délivrer des alarmes que lui causaient leurs imprudences sans cesse renouvelées au milieu d'un peuple irascible; et brisant tout-à-coup, au 5 septembre 1816, les faibles liens à l'aide desquels ces hommes toujours présomptueux croyaient l'avoir enchaîné pour toujours à leur parti, nous entendîmes pour la seconde fois sa noble voix inviter tous les Français à s'approcher avec confiance d'un père qui ne voulait plus se souvenir de leurs erreurs.

Par quelle fatalité une aussi généreuse résolution eut-elle alors si peu d'effet pour le bonheur de la France? jeunes Électeurs, je vous l'ai déjà fait pressentir, ce fut la faiblesse du parti modéré qui en fut cause. Ce parti ne sut pas comprendre toute l'importance qu'il pouvait acquérir dans son pays, en répondant à l'appel de son souverain, de manière à le mettre à même d'imposer silence à tous les partis dont il désavouait les doctrines, ou pour mieux dire, il n'eut pas assez de courage pour répondre long-temps à ce généreux appel, et après l'avoir assez bien soutenu en 1816, il lui fut impossible de le soutenir pendant les années suivantes. Oui, telle est la faiblesse des hommes de ce parti, telle est leur habitude de céder aux partis qui les menacent, qu'ils tombèrent dans le découra- gement aussitôt qu'ils eurent entendu quelques- unes de ces voix sinistres qui les avaient effrayés pendant la révolution; et ce découragement de- vint bientôt tel qu'après avoir remporté des triomphes toujours de plus en plus grands pen- dant trois ans, les partisans de la révolution se crurent enfin en mesure de triompher en 1820. Mais un roi généreux veillait encore pour sa pa- trie, et au moment où ces nouveaux ennemis de notre repos allaient entonner le chant de victoire, il détruisit toutes leurs espérances avec une fa- cilité qui fut pour les révolutionnaires de tous les pays un sujet d'étonnement et de désespoir.

Il faut que je le dise ici, pour rendre hom- mage à la vérité, dans cette grande crise comme dans celle de 1820, le parti modéré ne fut point sourd à la voix de son roi, et si la France doit lui pardonner la faiblesse qu'il a montré dans tous les événemens qui se sont succédés depuis trente ans, c'est à cause des lueurs de courage qu'il a eues en 1816 et en 1820. Mais, hélas! il n'est que trop vrai de dire, comme je le dis ici, qu'il n'a eu que des lueurs de courage, car dès 1821 sa conduite a été absolument la même qu'en 1817. Du moment où il a vu s'agiter au- tour de lui quelques-uns des hommes de l'ancien régime, il a été frappé de stupeur comme il l'avait été cinq ans auparavant à la vue de quelques hommes de la révolution, et abandonnant encore avec une indigne faiblesse le rôle brillant auquel le Roi venait de l'appeler pour la seconde fois, il a laissé la France retomber sous le joug des hommes de 1815.

Hé bien! jeunes Électeurs, vous les avez revus ces hommes dont l'imprudence causa il y a huit ans de si vives alarmes à la France et à son roi, et vous aviez cru peut-être que le temps aurait mûri leur jugement; vous aviez cru peut-être qu'ils auraient renoncé à tous ces projets incompatibles avec le repos de la France dont se repaissait alors leur imagination; mais aujourd'hui êtes-vous bien détrompés? Vous avez lu leurs ouvrages, vous avez entendu leurs discours: que nous ont-ils demandé? ils nous ont demandé tout ce qu'ils nous demandaient en 1815, et dans ces derniers temps surtout leur exigence était devenue si grande, leurs instances étaient devenues si vives, que le Roi s'est vu forcé de briser encore une fois leur funeste influence en dissolvant la chambre sur laquelle ils avaient fondé leurs espérances.

Comment! va-t-on me dire ici, vous pensez que l'ordonnance du 24 décembre est dirigée contre les hommes de 1815? Hé bien, oui, je le pense, et je le dis hautement, c'est contre eux qu'elle est dirigée, et si le Roi n'a pas voulu rendre cette mesure humiliante comme celle qu'il prit contre eux en 1816, si le Roi n'a pas voulu déverser encore le blâme sur leur conduite comme il le fit il y a sept ans, en consignant dans l'ordonnance même qui a prononcé la dissolution de la chambre les plaintes qu'ils l'avaient mis en droit de leur adresser encore, je n'en persiste pas moins dans mon opinion, car tous les actes émanés de l'autorité royale dans ces graves circonstances me prouvent qu'elle est bien fondée, et l'examen d'un seul de ces actes, l'examen de l'ordonnance qui a nommé les présidens des colléges électoraux va lever tous les doutes.

Vous le savez, jeunes Électeurs, dans la chambre que le Roi vient de dissoudre, il se trouvait trois opinions bien prononcées, et pour simplifier la discussion, en me servant des termes à l'usage des partis, voici ce qu'on y remarquait : Au côté gauche on voyait des hommes qui se sont toujours dits les défenseurs de la liberté (et dont je ne veux point accuser les intentions), mais qui en ont souvent demandé un peu trop pour un peuple de trente millions d'hommes qui ne peut vivre qu'en monarchie. Au côté droit on voyait des hommes qui se sont toujours dits les défenseurs de la royauté (et dont je ne veux pas non plus accuser les intentions), mais qui ont souvent voulu la rendre un peu trop sévère, un peu trop pesante pour un peuple qui a toujours eu la liberté dans ses mœurs, mais qui la veut aussi dans ses lois ; et enfin au centre on voyait des hommes qui pour la plupart ont été égarés pendant leur jeunesse, les uns par les prestiges de la liberté, les autres par les prestiges du pouvoir, mais qui sont revenus depuis long-temps de toute exaltation, et qui ne cherchent plus aujourd'hui qu'à maintenir l'équilibre entre le pouvoir et la liberté, en ne tirant de ces mots que des conséquences modérées et compatibles avec la sûreté de la monarchie constitutionnelle. Voyons donc de quel côté la pensée du Roi s'est portée lorsqu'il a voulu composer la liste des présidens des colléges électoraux. Est-ce vers le côté gauche ? Non, car je ne vois sur la liste aucun des hommes de ce côté. Est-ce vers le côté droit ? Non, car si je vois encore sur la liste quelques-uns des hommes de ce côté, je n'y vois aucun de ces hommes qui se sont tant fait remarquer par leur exaltation depuis neuf ans, et je vois en définitive que c'est au centre que le Roi est allé chercher presque tous les hommes qu'il a voulu recommander spécialement à l'attention des colléges électoraux.

Hé bien ! après cela, je le demande, l'ordonnance qui a prononcé la dissolution de la chambre n'est-elle pas un démenti formel donné aux hommes de 1815, et ne suis-je pas fondé à dire, comme je le disais tout-à-l'heure, que l'ordonnance du 24 décembre 1823 n'est autre chose que l'ordonnance du 5 septembre 1816 en abrégé ?

Mais serons-nous donc toujours réduits à ce système précaire que la sagesse de notre auguste monarque s'est vue forcée d'adopter pour empêcher le triomphe des deux partis qui ont menacé tour-à-tour notre repos ; et nos princes généreux ne trouveront-ils donc jamais dans cette France pour laquelle ils ont fait tant de sacrifices, des hommes assez courageux pour leur servir de point d'appui en tout temps contre l'audace des partis ? Oui, oui, ils le trouveront à la fin ce point d'appui, et c'est vous, jeunes Électeurs, qui le leur présenterez !

O vous, qui n'avez connu ni l'ancien régime et son incroyable faiblesse, ni la révolution et ses affreux égaremens, vous qui jugez déjà avec le sang froid de l'histoire tous ces vains systèmes auxquels les vieux partis attachent encore tant d'importance, levez-vous, et faites connaître à votre roi et à votre pays vos vœux et vos espérances ! Éclairés par l'histoire de votre pays, vous voulez que cette France qui compte quatorze

siècles d'habitudes monarchiques et huit siècles
de prospérité sous le paternel gouvernement
d'une famille qui nous a fourni tant de grands
rois et tant de bons princes, continue à vivre
en monarchie sous le sceptre des Bourbons, et
sur ce point vous ne partagez par les funestes
idées des hommes qui ont combattu il y a trente
ans au nom d'une chimérique liberté ; mais,
éclairés aussi par les dernières pages de l'histoire
de votre pays, et par l'histoire de tous les grands
peuples qui nous entourent, vous ne croyez pas
que la monarchie absolue puisse faire aujour-
d'hui le bonheur d'une nation de trente millions
d'hommes qui a tant de grands intérêts à ména-
nager, et sur ce point vous ne partagez pas le dé-
plorable aveuglement des hommes qui ont combattu il y a trente ans pour la vieille monarchie,
et en un mot vous croyez que la monarchie constitutionnelle que le Roi a établie parmi nous, par
un heureux accord entre le pouvoir et la liberté,
est le seul mode de gouvernement qui puisse
assurer le bonheur de la France pour le présent
et pour l'avenir.... Hé bien, jeunes Électeurs, si ce
sont là vos idées, si ce sont là vos vœux, je vous
le dis de nouveau avec assurance, levez-vous, et
venez vous placer sous les yeux de votre roi ;
vous êtes les hommes que le Roi cherche depuis
long-temps, vous êtes les hommes qu'il demande
à la France depuis neuf ans, et c'est sur vous

qu'il s'appuiera désormais pour assurer la tranquillité de son royaume.

Ah ! si d'innombrables combats n'avaient pas affaibli vos forces depuis vingt-cinq ans, si la mort n'avait pas enlevé à la fleur de l'âge plus de la moitié des compagnons de votre enfance, depuis long-temps vous auriez acquis dans les colléges électoraux une imposante majorité, et répondant noblement à l'appel que le Roi fit en 1816 à tous les Français amis de l'ordre, à tous les bons Français, vous auriez épargné à la France sept années d'inquiétude et de malaise ! Mais aujourd'hui que plusieurs années de paix ont singulièrement augmenté vos forces et diminué celles des hommes qui vous accablaient alors sous le poids du nombre, comptez-vous, et vous verrez que vous êtes assez nombreux pour imposer silence à tous les partis.

Réunissez-vous donc, jeunes Électeurs, pour délivrer votre roi et votre patrie de la tyrannie des partis, et surtout ne laissez pas échapper l'occasion que la fortune vous présente en ce moment. Des élections générales vont s'ouvrir ; songez que vous pouvez détruire d'un seul coup toutes les factions qui ont troublé jusqu'à ce jour le repos de la France.

Jeunes Électeurs, la première chose dont vous

devez vous occuper, pour parvenir à cet impor-
tant résultat, c'est de bien vous entendre sur les
hommes que vous devez porter aux élections, et
cette opération sera facile pour vous, qui ne
pouvez trouver aucun motif de haine ni de dé-
fiance dans les souvenirs d'une jeunesse consa-
crée tout entière à d'honorables travaux ou à de
nobles combats; mais après cette opération il
s'en présentera peut-être une autre plus difficile:
c'est dans celle-là surtout que vous devez dé-
ployer toutes les ressources de votre intelligence
et de votre raison.

Jeunes Électeurs, dans plusieurs arrondissemens où les ravages de la guerre ont été peu
sensibles, vous serez en majorité; et du moment
où vous aurez constaté ce fait, votre tâche sera
remplie; mais il n'est que trop vrai aussi que
dans quelques arrondissemens vous serez en mi-
norité, et lorsque vous vous en serez aperçu,
vous devrez employer sur-le-champ tous les
moyens que l'honneur peut avouer pour attirer
à vous quelques-uns de vos coélecteurs. Cependant il est des hommes près desquels vous ne
devez faire aucune démarche: ce sont les hommes
de la révolution, et les hommes de l'ancien régime. Vous le voyez, c'est en vain que trente
années d'expérience ont passé sur la tête de ces
vétérans de l'anarchie ou du despotisme; ils brû-

lent encore de toutes les passions de leur jeunesse ; et, semblables aux volcans du Nord, ils
vomissent encore des feux sous la neige qui les
couvre. Jeunes Électeurs, éloignez-vous d'eux,
et laissez-les user dans les passions les jours que
la Providence leur avait réservés pour le repentir : le doigt de Dieu les a frappés ; les hommes
ne peuvent plus rien sur eux. Mais approchez-
vous avec confiance de ces hommes qui n'ont
point partagé l'égarement des partis au temps de
la révolution, ou qui sont revenus depuis long-
temps des illusions qui les avaient séduits dans
ces temps d'erreur. Je vous l'ai déjà dit, les
hommes du parti modéré, intimidés par le malheur, ne sont pas propres comme vous à soutenir de longs combats contre les partis qui
cherchent à opprimer notre patrie; mais, je
vous l'ai dit aussi, ils sont capables de montrer
une assez grande énergie dans les temps de crise,
comme ils l'ont prouvé en 1816 et en 1820; et,
en ce moment, ils pourraient peut-être trouver
assez de force pour sauver avec vous la France
au jour du danger. Cherchez donc à exalter leur
indignation et leur courage.

Parlez-leur des horribles scènes de la révolution et des cruelles représailles exercées dans le
Midi vingt-deux ans après.

Parlez-leur des affreuses dispositions qu'auraient encore les deux partis à recommencer leurs odieux et indignes combats, si les hommes modérés qui les ont empêché jusqu'à ce jour de s'approcher de trop près se retiraient de la mêle et les laissaient en présence;

Parlez-leur des maux incalculables que causerait à la France le triomphe soit de l'un soit de l'autre de ces partis, dont l'un voudrait réparer aux dépens de la fortune et de la liberté publique toutes les pertes que lui ont causé vingt-cinq années de défaites et d'humiliation, et dont l'autre n'a pu rassasier son ambition en vingt-cinq années de révolutions, de victoires et de conquêtes;

Parlez-leur de la faiblesse à laquelle les trente années qui viennent de s'écouler ont réduit tous ces apôtres de l'erreur, et de la facilité avec laquelle les Français armés de l'ordre pourraient en s'unissant les désarmer aujourd'hui et les réduire pour toujours au silence;

Parlez-leur de la disposition où vous êtes de mettre un terme aux scendaleux débats qui ont affligé la France depuis neuf ans, en ne donnant votre voix à aucun des hommes de la révolution ou de l'ancien régime, à moins que depuis long-temps, et sans faiblesse comme sans corruption, il n'ait donné des gages d'un véritable attachement à la monarchie constitutionnelle;

Parlez-leur des avantages immenses que la France retirerait de votre triomphe si, au lieu de tant d'hommes qui n'ont mendié ses suffrages que pour s'occuper ensuite des intérêts de leur coterie, elle ne voyait apparaître dans les rangs de ses défenseurs que des hommes qui, comme vous, n'eussent ni vengeances ni ambitions à satisfaire, et qui pussent s'occuper uniquement de son bonheur.

Et lorsque vous leur aurez bien prouvé que vous n'aspirez à exercer, dès à présent dans votre patrie, l'influence que les lois de la nature vous appellent à y exercer un jour que parce que vous voudriez lui épargner les maux dont la menacent des partis qui sentent leur fin prochaine, mais qui veulent lui vendre bien cher leurs derniers moments, vous verrez tous ces hommes, flétris par le malheur, reprendre sous vos yeux de généreures résolutions, et vous les verrez se rendre avec courage à des élections qui peuvent avoir une si grande influence sur les destinées de leur pays, en se parant comme vous de cette devise que vous pouvez placer sur vos bannières, parce qu'elle est depuis long-temps dans vos cœurs : PLUS D'ANARCHIE, MAIS PLUS DE DESPOTISME ; VIVE LE ROI, MAIS VIVE LA CHARTE.

PARIS, Imprimerie de GAULTIER-LAGUIONIE.